Impressum
Verlag: BABADADA GmbH, Nedderfeld 112 , 22529 Hamburg
Geschäftsführer / Verlagsleitung: Harald Hof
Druck: Books on Demand GmbH, In de Tarpen 42, 22848 Norderstedt

Imprint
Publisher: BABADADA GmbH, Nedderfeld 112 , 22529 Hamburg, Germany
Managing Director / Publishing direction: Harald Hof
Print: Books on Demand GmbH, In de Tarpen 42, 22848 Norderstedt

sekolo

學校

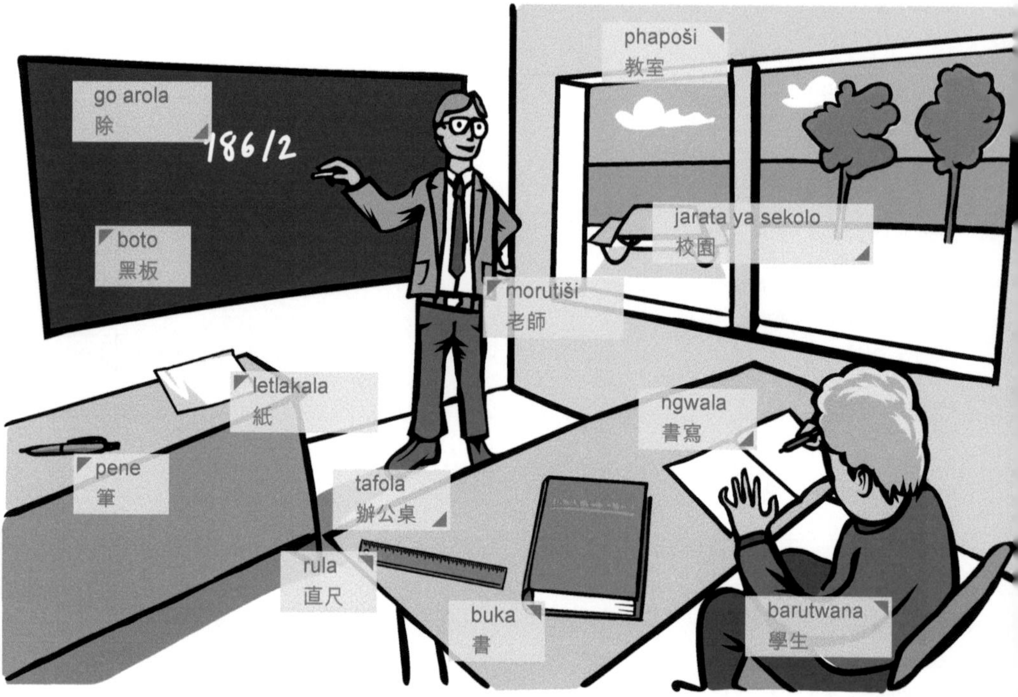

phapoši
教室
go arola
除
186/2
boto
黑板
jarata ya sekolo
校園
morutiši
老師
letlakala
紙
ngwala
書寫
pene
筆
tafola
辦公桌
rula
直尺
buka
書
barutwana
學生

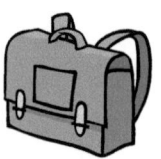

peke

書包

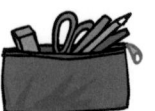

kheise ya phensele

鉛筆盒

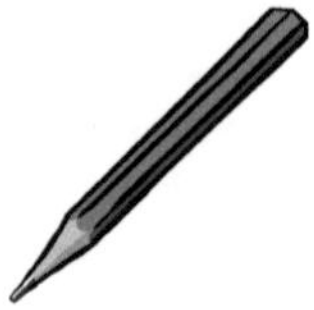

phensele

鉛筆

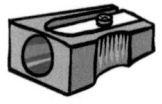

motšhene wa go betla phensele

削鉛筆機

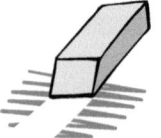

rabhara

橡皮擦

phede ya ho thala

畫板

go thala

圖畫

borashe ya go penta

畫筆

lepokisi la go penta

顏料盒

sekero

剪刀

sekgomaretši

膠水

puku ya go ngwala

練習冊

mošomo wa gae

家庭作業

nomoro

數字

tlatša

加

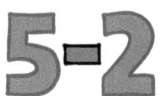

go ntšha

減

go atiša

乘

khalekhuleitha

計算

lengwalo

字母

alefapete

字母表

lentšu

字

mongolo

課文

bala

讀

tšhoko

粉筆

thuto

上課

puku ya maina

登記

thuto

考試

setifikeite

證書

diaparo tša sekolo

校服

thuto

教育

encyclopedia

百科全書

yunibesithi

大學

maekrosekoupo

顯微鏡

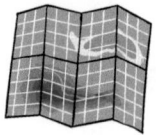

mmapa

地圖

pasekete ya matlakala a
ditšhila

廢紙簍

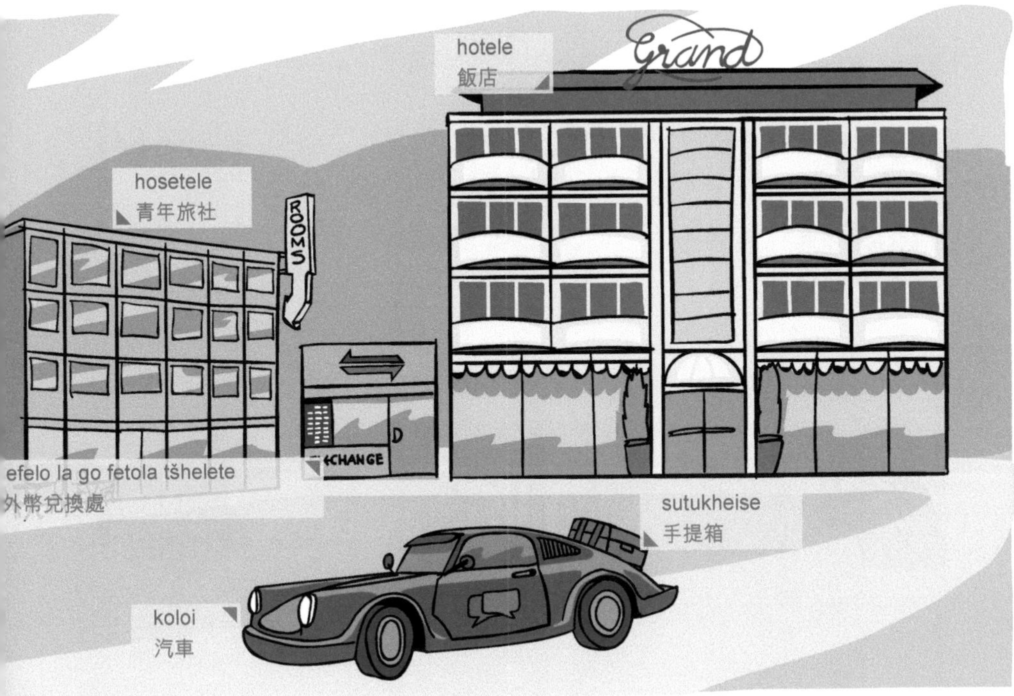

hotele
飯店
Grand
hosetele
青年旅社
ROOMS
EXCHANGE
efelo la go fetola tšhelete
外幣兌換處
sutukheise
手提箱
koloi
汽車

Leleme

語言

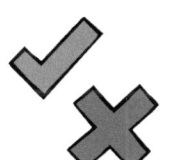

ee / aowa

是/否

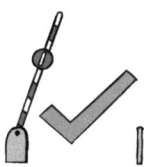

Go lokile

好的

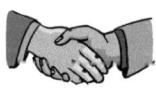

Dumela

您好

mofetoledi

翻譯人員

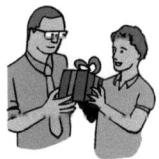

Re a leboga

謝謝

... ke bokae?

......多少錢？

ga ke kwešiše

我不明白

bothata

問題

Thobela!

晚上好！

Meso e mebotse!

早上好！

Robala botse!

晚安！

šala gabotse

再見

keletšo ya tsela

方向

peke

行李

peke

包

mokotla wa dipuku

背包

moeng

客人

phapoši

房間

pekana ya go robala

睡袋

mokhukhu

帳篷

boitsebišo bja moeti

旅行資訊

lewatleng

海灘

karata ya mokitlana

信用卡

dijo tša mesong

早餐

matena

午餐

dijo tša mantšiboa

晚餐

thikethe

票

lifithi

電梯

setempe

郵票

border

邊界

setlwaedi

海關

embassy

大使館

visa

簽證

phasepoto

護照

sefofane
飛機

sekepe
船

enjine ya mollo
消防車

bese
公車

theraka
卡車

motorboat
汽艇

koloi
汽車

paesekela
腳踏車

feri

渡輪

sekepe

小船

sethuthuthu

機車

koloi ya maphodisa

警車

koloi ya go šiašiana

賽車

koloi ya go rentišwa

租車

go arogana koloi

拼車

theraka ya go goga

拖車

theraka ya ditlakala

垃圾車

mmotho

馬達

makhura

汽油

seteišene sa makhura

加油站

leswao la therafiki

交通標識

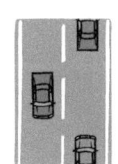

therafiki

交通

therafiki

交通堵塞

efelo la go phaka dikoloi

停車場

seteišene sa terene

火車站

tsela

軌道

terene

火車

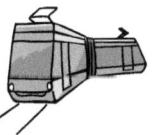

theramo

路面電車

koloi

客車廂

sefofane

直升機

boemafofane

機場

serokami

塔

monamedi

乘客

seswari

集裝箱

lepokisana

紙板箱

khathe

手推車

basket

籃子

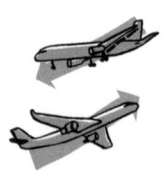

go tloga / go kwatama

起飛/降落

toropo

城市

motse

村莊

bogareng bja toropo

市中心

ntlo

房子

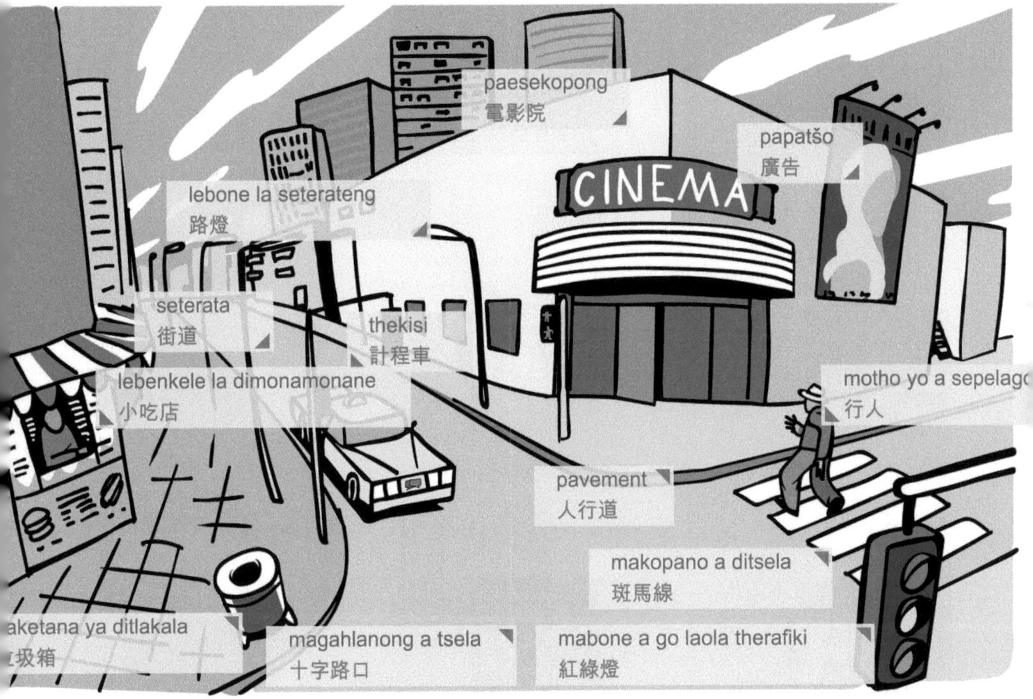

paesekopong
電影院

papatšo
廣告

lebone la seterateng
路燈

seterata
街道

thekisi
計程車

CINEMA

lebenkele la dimonamonane
小吃店

motho yo a sepelago
行人

pavement
人行道

makopano a ditsela
斑馬線

...aketana ya ditlakala
垃圾箱

magahlanong a tsela
十字路口

mabone a go laola therafiki
紅綠燈

mokutwana

小屋

folete

公寓

seteišene sa terene

火車站

holo ya toropong

市政廳

museamo

博物館

sekolo

學校

yunibesithi

大學

panka

銀行

sepetlele

醫院

hotele

飯店

lebenkele la dihlare

藥房

ofisi

辦公室

lebenkele la dipuku

書店

lebenkele la dijo

商店

lebenkele la matšoba

花店

lebenkele la dihlare

超市

mmakete

市場

lebenkele la dilo tše dintši

百貨商店

fishmonger's

魚店

lefelo la mabenkele

購物中心

boemakepe

海港

phaka

公園

bench

長凳

leporogo

橋

ditepisi

樓梯

ka tlase

捷運

thanele

隧道

boemela pese

公車站

bar

酒吧

lebenkele la dijo

餐館

lepokisi la poso

郵筒

leswao la seterata

路標

mithara wa go phaka koloi

停車計時器

zuu

動物園

letamo la go rutha

游泳池

lefelo la mamoseleme

清真寺

polasa

農場

tšhilafalo

污染

mabitla

墓地

kereke

教堂

lefelo la go bapala

操場

tempele

寺廟

lefelo la dithaba

地形

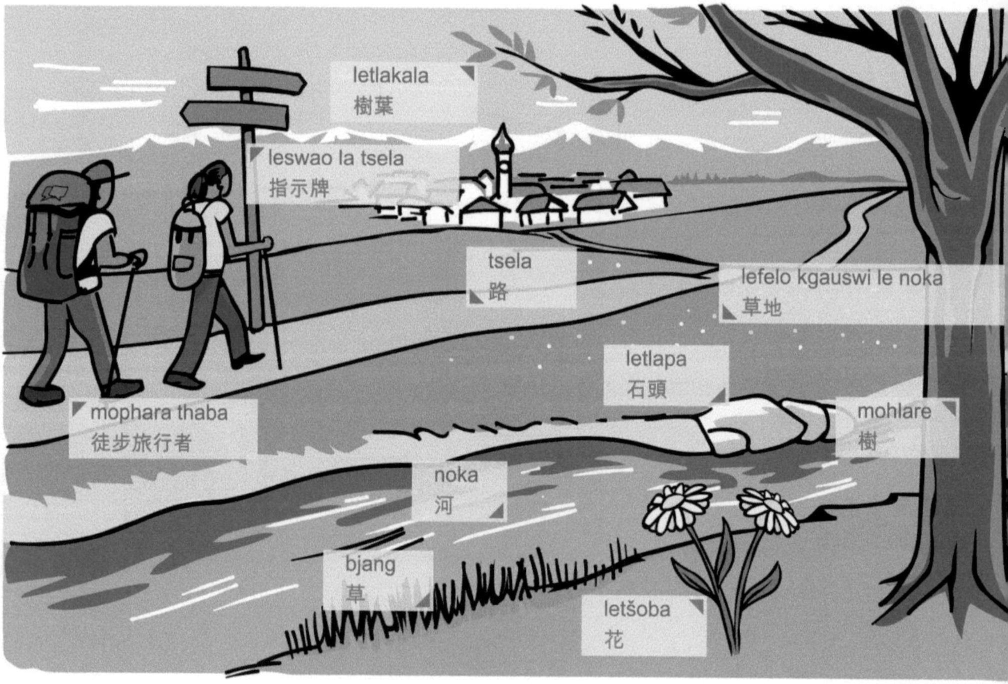

letlakala
樹葉

leswao la tsela
指示牌

tsela
路

lefelo kgauswi le noka
草地

letlapa
石頭

mophara thaba
徒步旅行者

mohlare
樹

noka
河

bjang
草

letšoba
花

tsela

峽谷

thaba

丘陵

letangwana la meetsi

湖

sethokgwa

森林

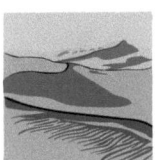

leganata

沙漠

thabamollo

火山

ntlo e kgolo

城堡

molalatladi

彩虹

mushroom

蘑菇

palm tree

棕櫚樹

monang

蚊子

fofa

蒼蠅

ditšhošwane

螞蟻

nosi

蜜蜂

segokgo

蜘蛛

khunkhwane

甲蟲

segwagwa

青蛙

squirrel

松鼠

noko

刺蝟

mmutla

野兔

leribiši

貓頭鷹

nonyana

鳥

mogolodi

天鵝

kolobe ya naga

野豬

phuthi

鹿

phuthi

麋鹿

letamo

水壩

wind turbine

風力發電機

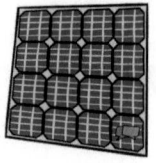

phanele ya solar

太陽能電池板

leratadima

氣候

lebenkele la dijo
餐館

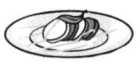

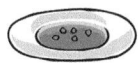

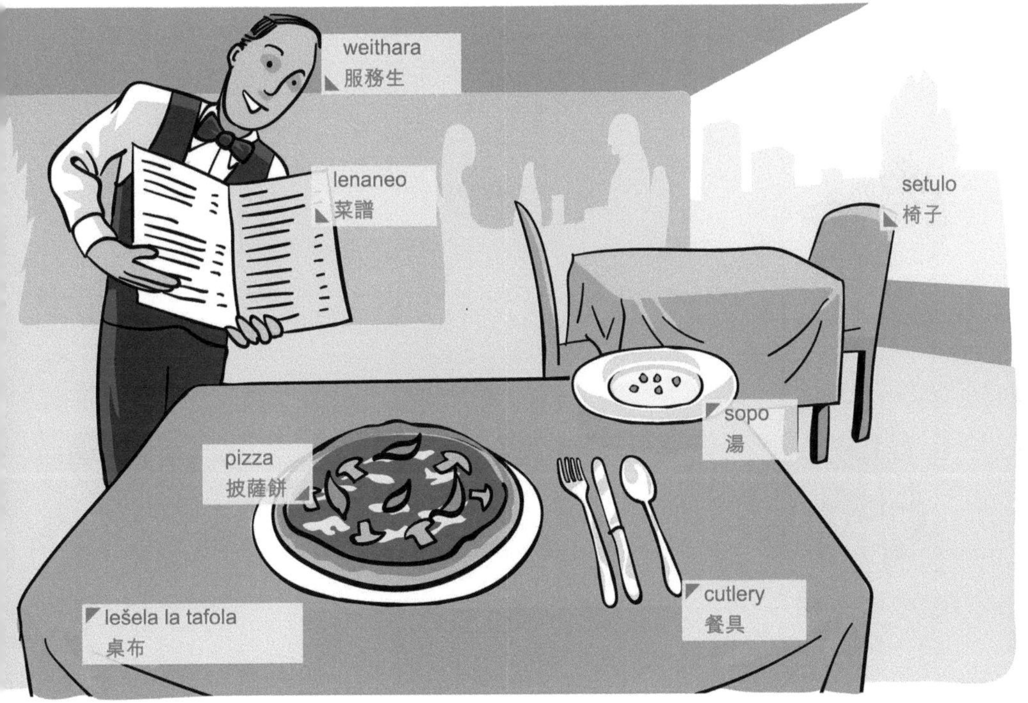
weithara
服務生
lenaneo
菜譜
setulo
椅子
sopo
湯
pizza
披薩餅
cutlery
餐具
lešela la tafola
桌布

dijo tša mathomo

前菜

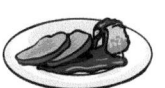

dijo

主菜

dimonamonane

甜點

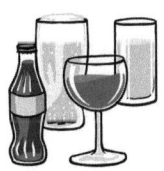

dino

飲料

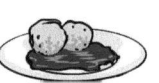

dijo

食物

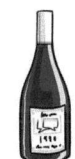

lepotlelo la ngwana

瓶子

fastfood

速食

dijo tša seterateng

街邊小吃

ketlele ya tea

茶壺

poleitana swikiri

糖盒

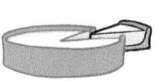

karolo

一份飯菜

motšhene wa espresso

義式咖啡機

setulo sa godimo

高腳椅

tefo

帳單

therei

托盤

thipa

刀

foroko

餐叉

lelepola

勺子

lelepola

茶匙

lešela la go iphomola

餐巾

galase

玻璃杯

poleite

碟子

poleite ya sopo

湯盤

sosara

碟子

moroto

醬

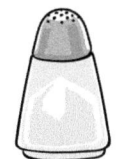

poto ya letswai

鹽瓶

sešila phepha

胡椒研磨罐

vinegar

醋

makhura

食用油

sepaese

調味料

tamatisoso

番茄醬

masetete

芥末

mayonnaise

美乃滋

lebenkele la dihlare

超市

dithekišo tša tlase
特價
FOR
moreki
顧客
dijo tša go ba le maswi
乳製品
dikenywa
水果
teroli
購物車

BUTCHERS

selaga

肉鋪

BAKERY

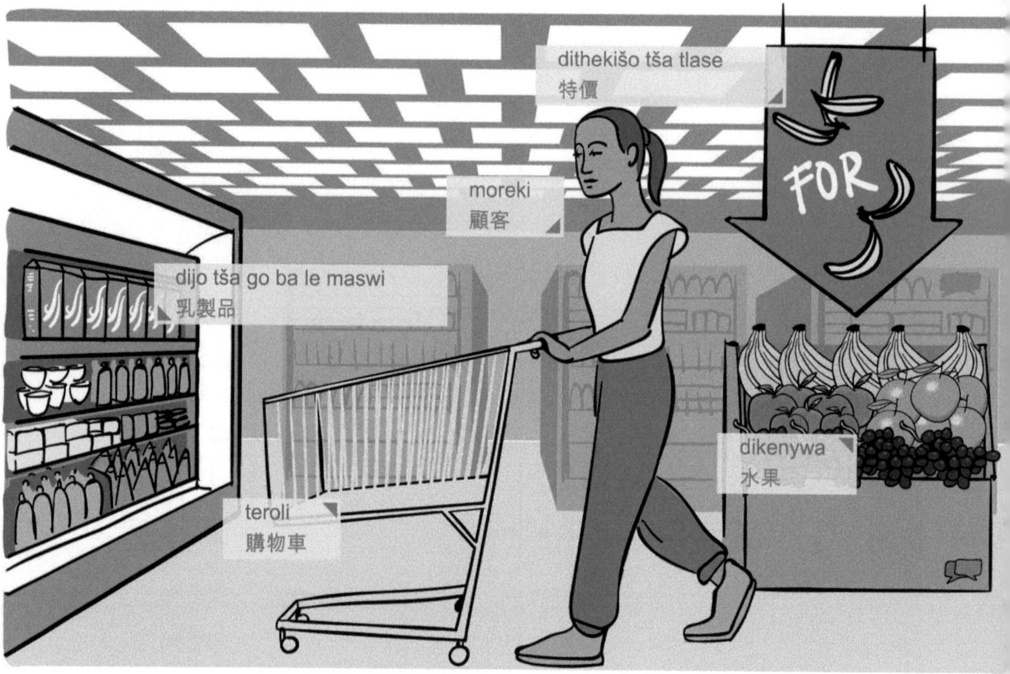

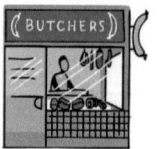

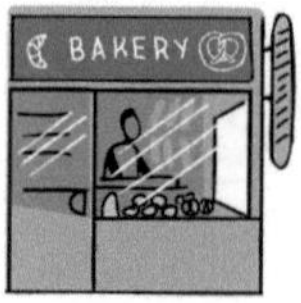

moapei wa dikuku

麵包店

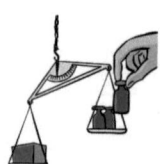

kala

稱重

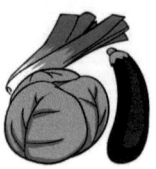

merogo

蔬菜

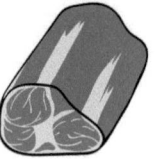

nama

肉

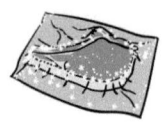

dijo tše gahlišitšwego

冷凍食品

nama ya go tonya

冷盤

tinned food

罐頭食品

sešepi sa go hlatswa

洗衣粉

dimonamonane

甜食

dilo tša ka ntlong

日用品

didirišwa tša go hlwekiša

清潔用品

morekiši

銷售員

till

收銀機

morekiši

收銀員

enaneo la tše rekišwago

購物清單

diiri tša go bula

開放時間

sepatšhe

錢包

karata ya mokitlana

信用卡

peke

袋子

peke ya polasetiki

塑膠袋

飲料

meetsi

水

Juice

果汁

maswi

牛奶

coke

可樂

beine

紅酒

bhiri

啤酒

bjala

酒

cocoa

可可

tea

茶

kofi

咖啡

espresso

義式濃縮咖啡

cappuccino

卡布奇諾

banana

香蕉

apola

蘋果

namome

柳丁

melon

西瓜

namone

檸檬

carrot

胡蘿蔔

garlic

大蒜

bamboo

竹子

keiye

洋蔥

mushroom

蘑菇

ditokomane

堅果

noodles

麵條

spaghetti

義大利麵

raese

米飯

salate

沙拉

ditšhipisi

薯條

matapola a gadikilwego

炸馬鈴薯

pizza

披薩餅

hambeka

漢堡

sandwich

三明治

cutlet

炸豬排

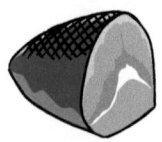

ham

火腿

salami

義大利臘腸

sausage

香腸

kgogo

雞肉

gadika

烤肉

hlaphi

魚

bogobe bja oats

燕麥片

muesli

木斯里

cornflakes

玉米片

folouro

麵粉

croissant

牛角麵包

dipanse

麵包捲

borotho

麵包

toaster

吐司

dipisikiti

餅乾

botoro

奶油

curd

凝乳

kuku

蛋糕

lee

蛋

lee le gadikilweyo

煎蛋

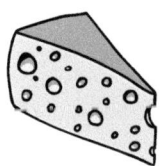

tshese

起司

ice cream

冰淇淋

swikiri

糖

todi ya dinosi

蜂蜜

jeme

果醬

chocolate spread

巧克力醬

curry

咖哩

polasa
農場

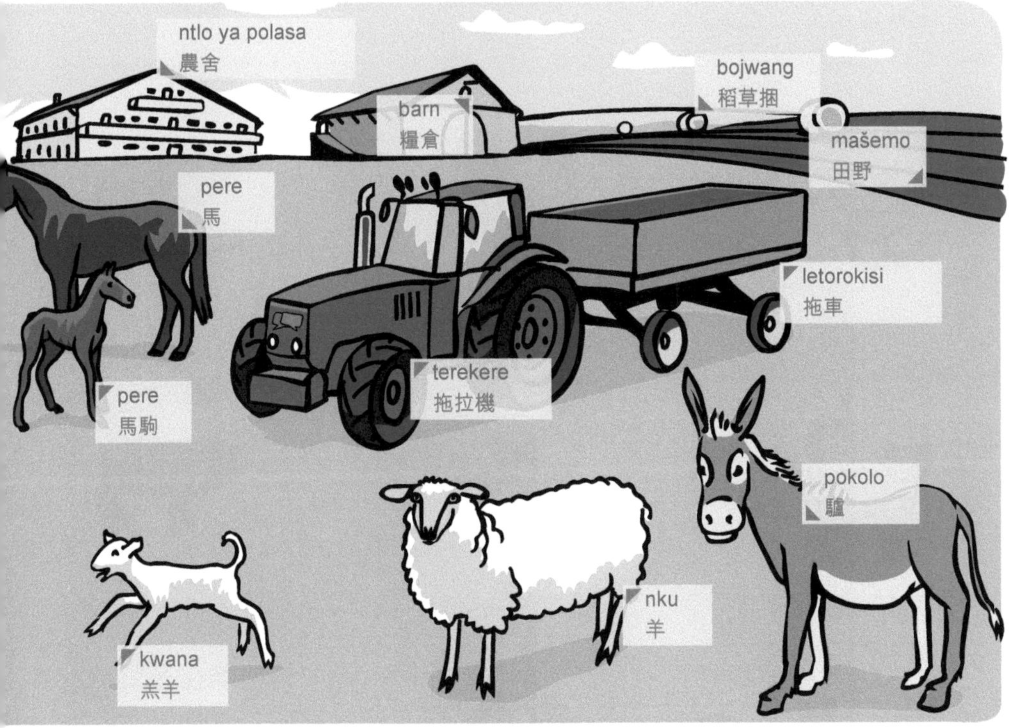

ntlo ya polasa
農舍
barn
糧倉
bojwang
稻草捆
mašemo
田野
pere
馬
letorokisi
拖車
terekere
拖拉機
pere
馬駒
pokolo
驢
nku
羊
kwana
羔羊

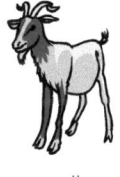

pudi

山羊

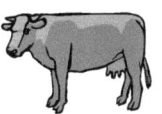

kgomu

奶牛

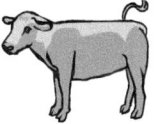

namane

小牛

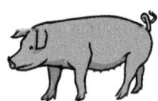

kolobe

豬

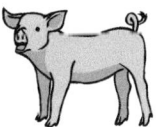

kolobjana

小豬

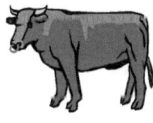

poo

公牛

leganse

鵝

leganse

鴨

letswienyane

小雞

kgogo

母雞

mokoko

公雞

legotlo

鼠

katse

貓

legotlo

老鼠

pholo

牛

mpšha

狗

ntlwana ya mpšha

狗屋

lethompo la seratswana

花園澆水軟管

khene ya meetse

澆水壺

peke

長柄大鐮刀

megoma ya terekere

犁

sekele

鐮刀

mogoma

鋤頭

foroko

長柄草耙

selepe

斧頭

kiribai

獨輪手推車

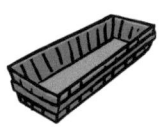

letangwana la meetsi

飼料槽

khene ya maswi

牛奶罐

lesaka

麻布袋

fense

柵欄

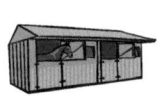

stable

馬廄

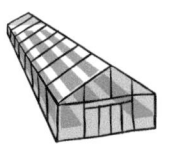

ntlwana ya galase ya dihlare

溫室

mobu

土壤

peu

種子

manyora

肥料

motšhene wa go buna

聯合收割機

buna

收割

buna

收割

tse monate

地瓜

korong

小麥

soy

大豆

letapola

土豆

korong

玉米

rapeseed

油菜籽

mohlare wa dikenywa

果樹

cassava

樹薯

disereale

穀物

ntlo
房子

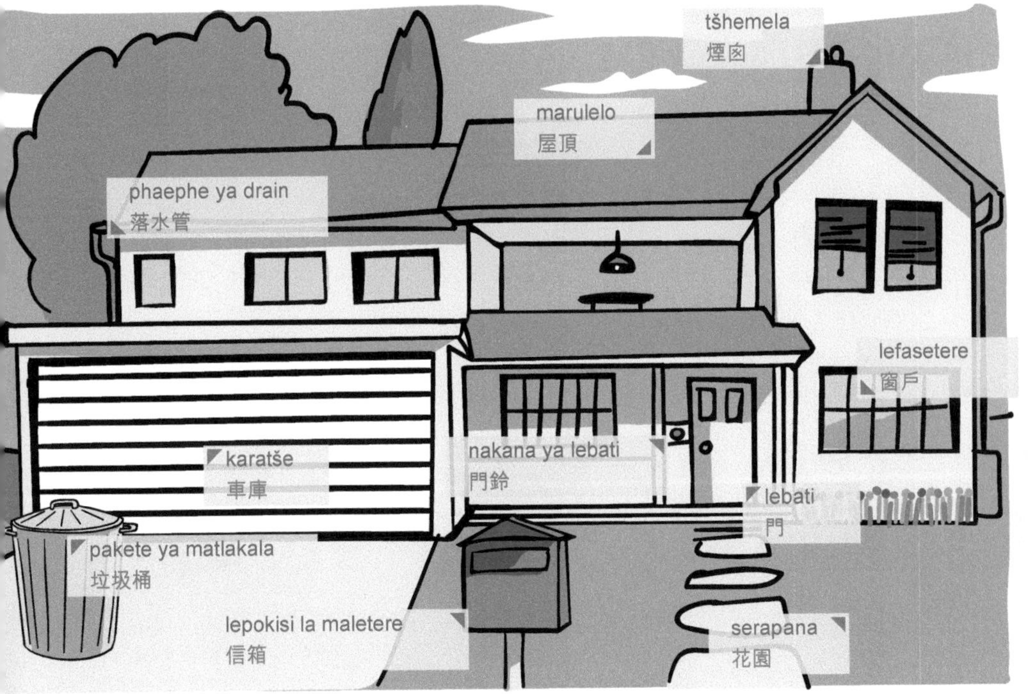
tšhemela
煙囱
marulelo
屋頂
phaephe ya drain
落水管
lefasetere
窗戶
karatše
車庫
nakana ya lebati
門鈴
lebati
門
pakete ya matlakala
垃圾桶
lepokisi la maletere
信箱
serapana
花園

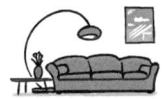

phapoši ya go dula

客廳

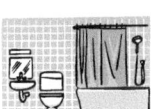

kamora ya go hlapela

浴室

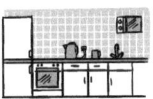

boapeelo

廚房

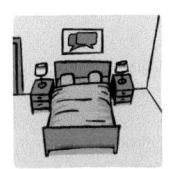

phapoši ya go robala

臥室

phapoši ya bana

兒童房

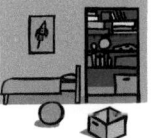

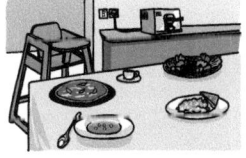

lefelo la boiketlo

餐廳

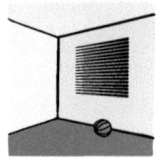

fase

地板

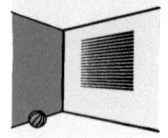

lebota

牆壁

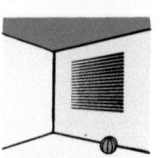

siling

天花板

cellar

地窖

sauna

三溫暖

letsikangope

陽臺

lelapa

露臺

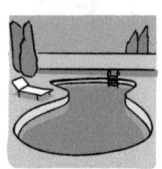

letamo la go rutha

游泳池

motšhene wa go sega bjang

割草機

lešela la go iphomola

被單

lešela la mpeto

床罩

mpeto

床

leswielo

掃帚

pakete

水桶

pholaka

開關

phapoši ya go dula

客廳

senepe sa sediriśwa
壁紙
senepe
相片
lebone
檯燈
shelofe
擱架
khaboto
櫥櫃
thelebišene
電視
lefelo la mollo
壁爐
letšoba
花
kobo
墊子
sofa
沙發
vase
花瓶
remote control
遙控器

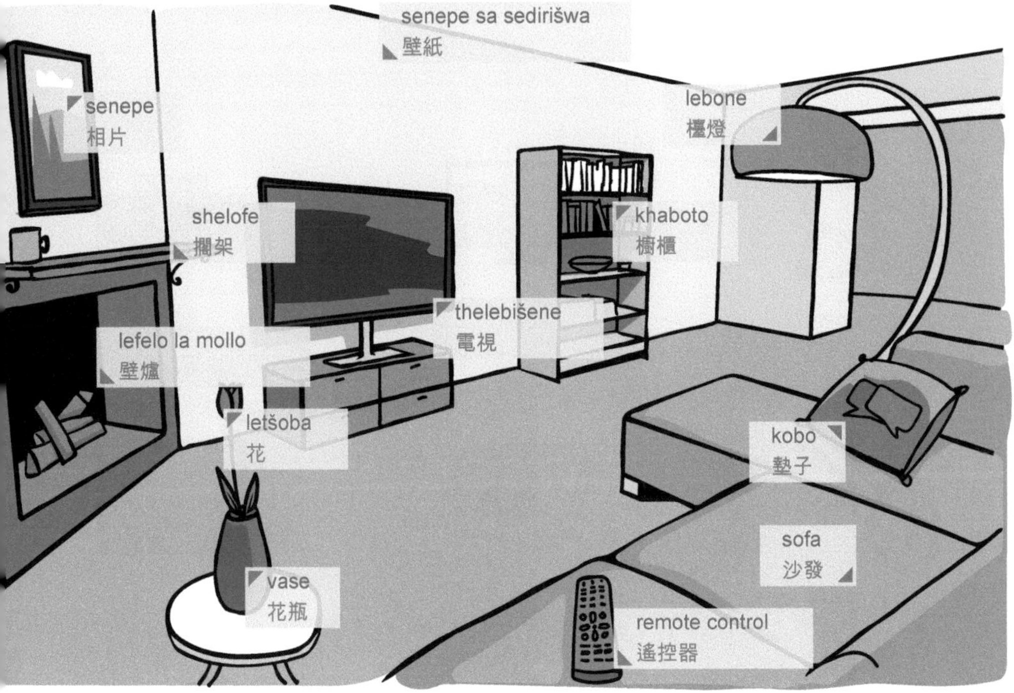

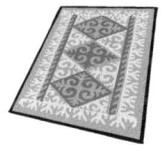

khaphete

地毯

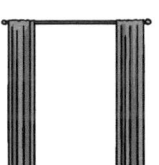

garetene

窗簾

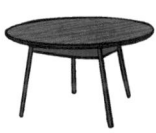

tafola

餐桌

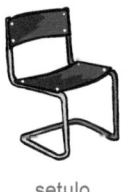

setulo

椅子

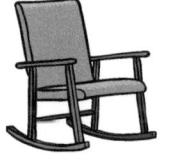

rocking chair

搖椅

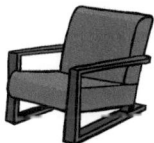

armchair

扶手椅

buka

書

kobo

毯子

bokgabišo

裝飾品

dikota tša mollo

木柴

filimi

電影

sedirišwa sa hi-fi

高傳真音響

senotlelo

鑰匙

kuranta

報紙

go penta

油畫

phouseta

海報

radio

收音機

pukwana ya go ngwala

筆記本

motšhene wa go hlwekiša

吸塵器

mohlašana wa cactus

仙人掌

kerese

蠟燭

boapeelo

廚房

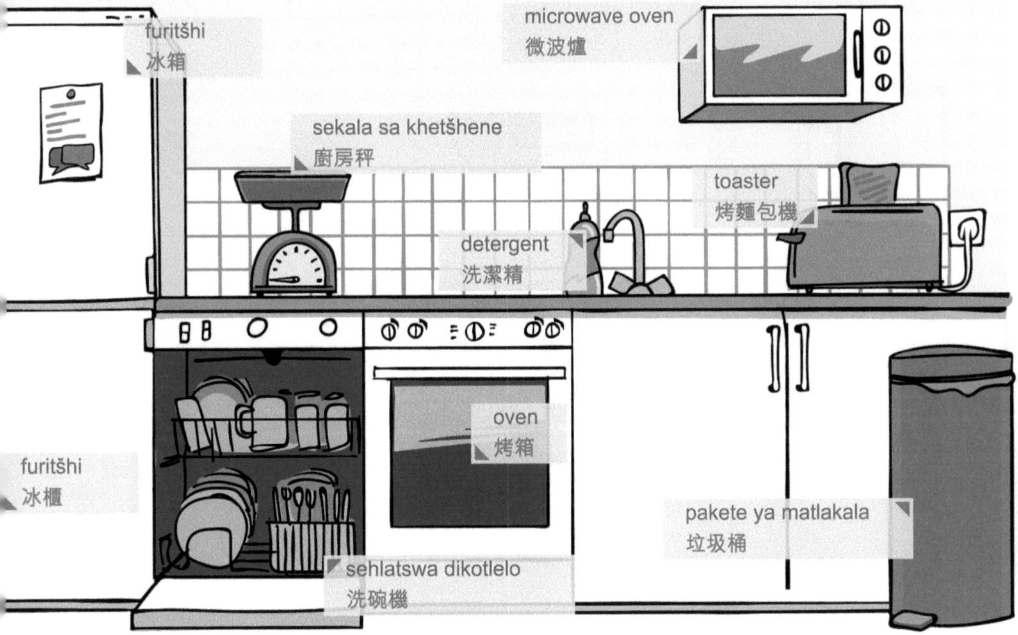
furitšhi
冰箱
microwave oven
微波爐
sekala sa khetšhene
廚房秤
toaster
烤麵包機
detergent
洗潔精
oven
烤箱
furitšhi
冰櫃
pakete ya matlakala
垃圾桶
sehlatswa dikotlelo
洗碗機

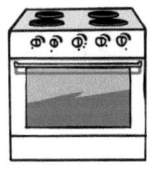

moapei

炊具

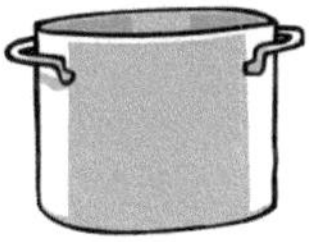

pitša

鍋

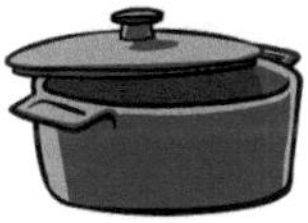

cast-iron pot

鑄鐵鍋

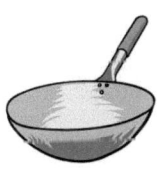

wok / kadai

炒鍋

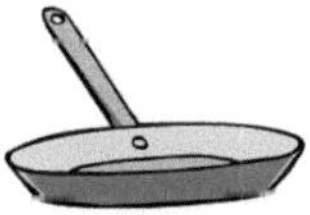

pane

平底鍋

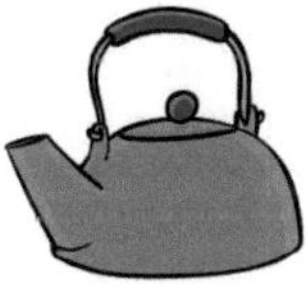

ketlele

水壺

steamer

蒸鍋

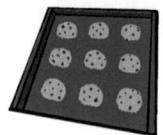

therei ya go paka

烤盤

dikotlelo

陶瓷鍋

komiki

馬克杯

mogopo

碗

diphathana tša go ja

筷子

lelepola la ladle

長柄勺

spatula

鏟子

whisk

攪拌器

strainer

濾網

sefo

篩子

kereitara

磨碎機

mortar

研缽

barbecue

燒烤

thuntšha

明火

boto ya dijo
....
菜板

rolling pin
....
擀麵杖

sebula lepotlelo
....
開瓶器

khene
....
罐子

sebula khene
....
開罐器

seswara dipoto
....
隔熱手套

sinki
....
水槽

borashe
....
刷子

sepontše
....
海綿

sehlakanyi
....
攪拌機

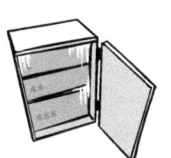

freezer
....
冷藏箱

lepotlelo la ngwana
....
奶瓶

pompi
....
水龍頭

kamora ya go hlapela

浴室

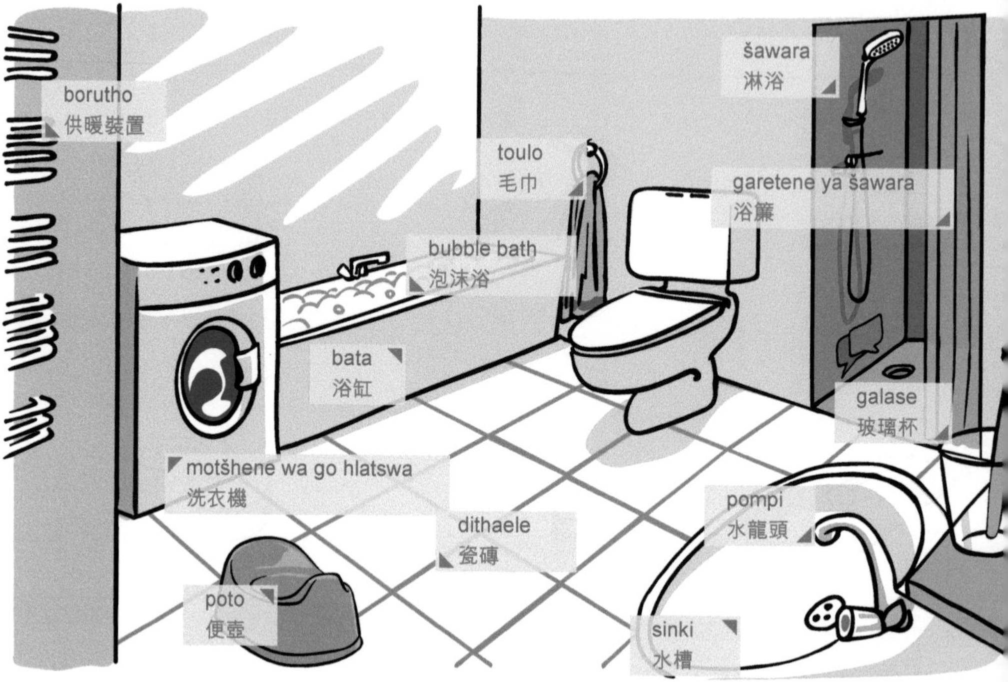

borutho
供暖裝置
toulo
毛巾
šawara
淋浴
garetene ya šawara
浴簾
bubble bath
泡沫浴
bata
浴缸
galase
玻璃杯
motšhene wa go hlatswa
洗衣機
pompi
水龍頭
dithaele
瓷磚
poto
便壺
sinki
水槽

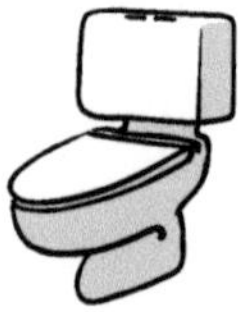

ntlwana

廁所

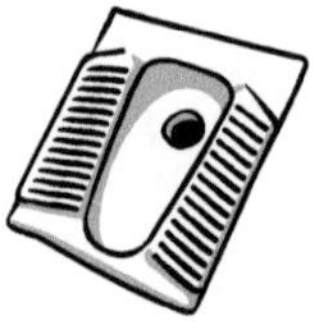

ntlwana ya ho tshorama

蹲便器

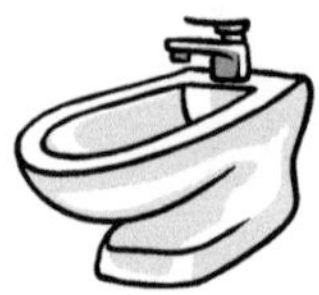

bidet

坐浴器

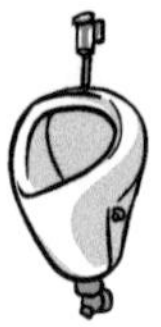

moroto

小便斗

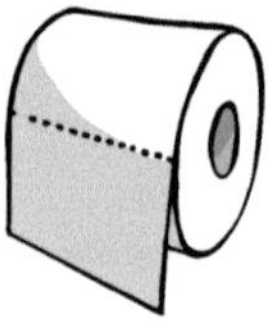

pampiri ya ntlwana

廁紙

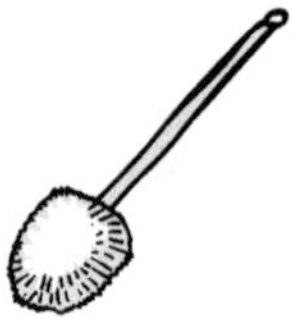

boraše ya ntlwana

馬桶刷

braše ya ho hlapa meno

牙刷

sešepi sa meno

牙膏

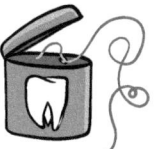

floss ya meno

牙線

hlatswa

洗

shawara ya go swarwa ka matsogo

手持式蓮蓬頭

douche

沖洗器

basin

洗臉盆

back brush

洗背刷

sešepi

肥皂

sešepi sa ka šawareng

沐浴露

shampoo

洗髮乳

folene

法蘭絨

drain

排水

sa go tlola

乳霜

senkgiša bose

除臭劑

seipone

鏡子

sepili se senyenyane

手鏡

legare

刮鬍刀

shaving foam

刮鬍泡沫

aftershave

鬚後水

kamo

梳子

boraše

刷子

derayara ya moriri

吹風機

setlola sa moriri

噴髮定型劑

makeup

化妝品

setlola sa molomo

唇膏

varnish ya manala

指甲油

wulu

化妝棉

sekero sa dinala

指甲剪

phefumo

香水

pekana ya tša go hlapa

洗漱包

setulo

凳子

sekala

計重秤

toulwana ya go hlapa

浴袍

ditlelafo tša rabara

橡膠手套

tampon

衛生棉條

toulo ya go phumula
matsogo

衛生棉

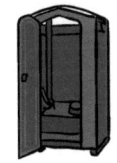

ntlwana ya dikhemikhale

化學廁所

phapoši ya bana

兒童房

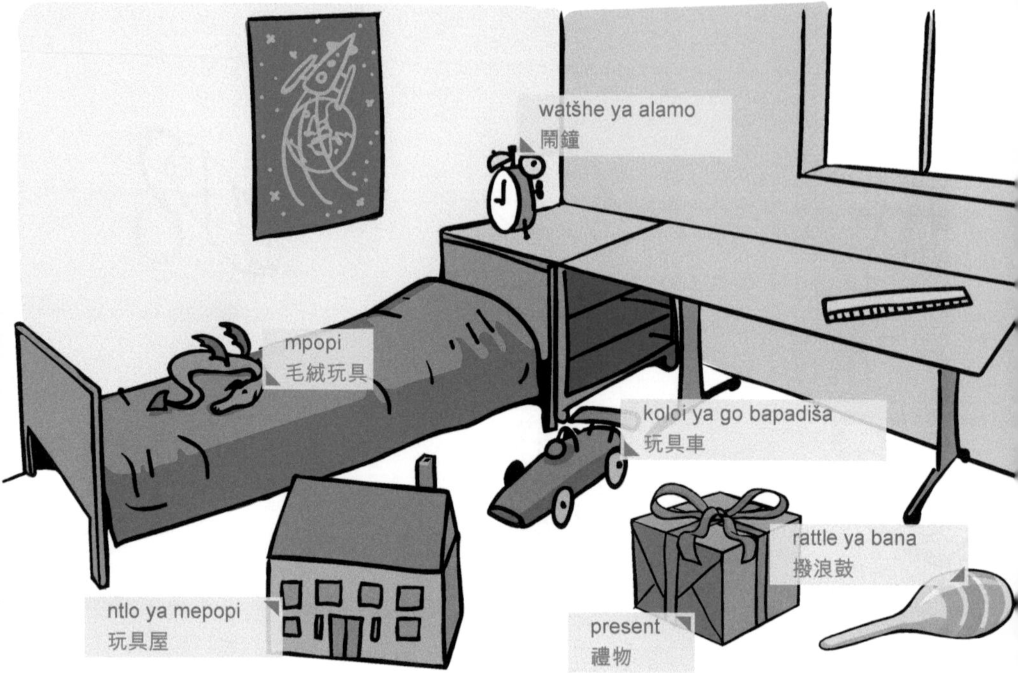
watšhe ya alamo
鬧鐘
mpopi
毛絨玩具
koloi ya go bapadiša
玩具車
rattle ya bana
撥浪鼓
ntlo ya mepopi
玩具屋
present
禮物

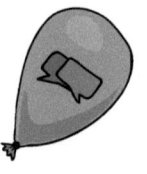

baluni
氣球

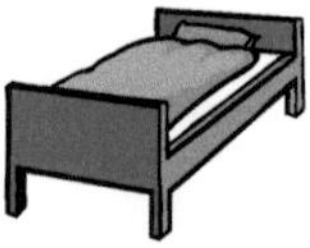

mpeto
床

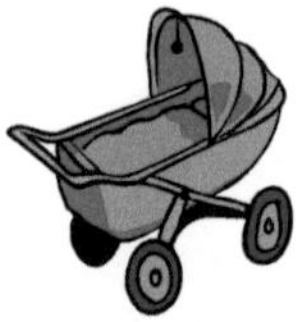

phorema
嬰兒車

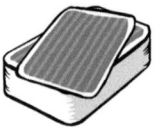

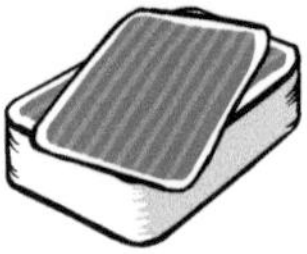

dikarata
撲克牌

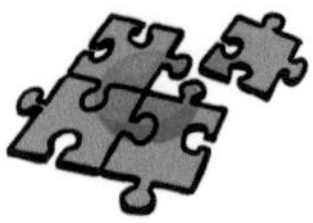

papadi ya jigsaw
拼圖

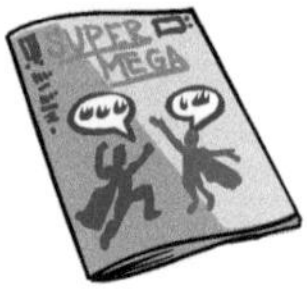
SUPER
MEGA

metlae
漫畫

papadi ya lego bricks

樂高積木

papadi ya building blocks

積木玩具

action figure

公仔

go gola ga ngwana

嬰兒服

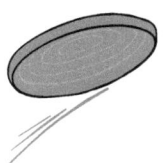

papadi ya Frisbee

飛盤

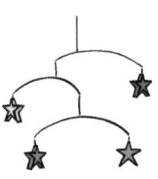

mobile

床鈴玩具

papadi ya boto

棋盤遊戲

letaese

骰子

model train set

火車模型

tami

安撫奶嘴

phathi

派對

puku ya dinepe

繪本

kgwele

球

mpopi

洋娃娃

bapala

玩

sandpit

沙坑

swing

鞦韆

tša go bapadiša

玩具

sediriša sa dipapadi tša bidio

電玩遊戲

paesekele ya bana

三輪車

teddy bear

泰迪熊

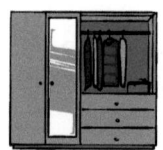

oteropo

衣櫃

diaparo

衣服

masokisi

襪子

masokisi

長襪

pentihouso

緊身褲

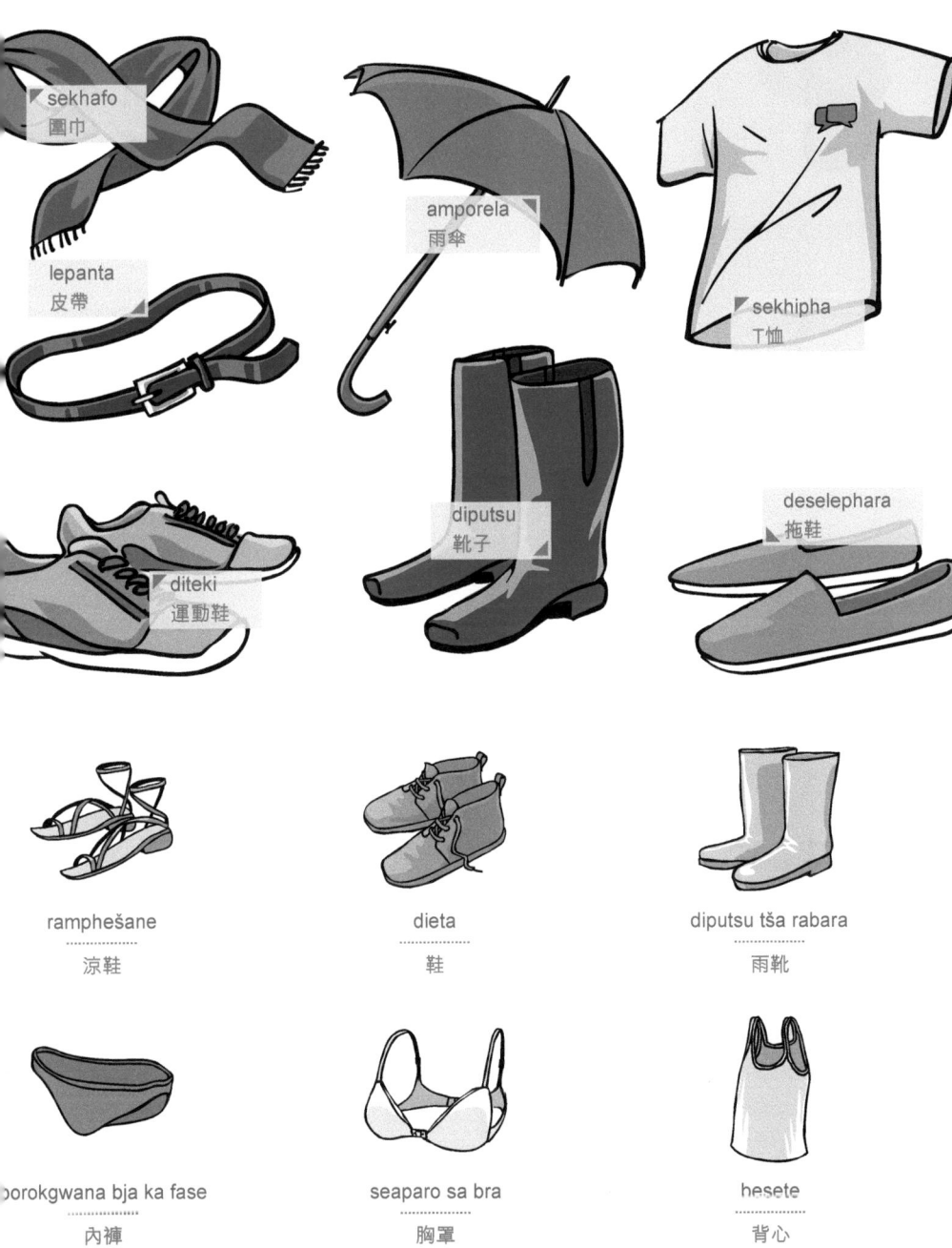

sekhafo
圍巾

amporela
雨伞

sekhipha
T恤

lepanta
皮帶

diputsu
靴子

deselephara
拖鞋

diteki
運動鞋

ramphešane
涼鞋

dieta
鞋

diputsu tša rabara
雨靴

borokgwana bja ka fase
內褲

seaparo sa bra
胸罩

hesete
背心

mmele

身體

marokgo

褲子

pokathe

牛仔褲

sekhethe

短裙

seaparo sa blouse

女式襯衫

hempe

襯衫

jase

套頭衫

jase

連帽上衣

seaparo sa blazer

西裝夾克

baki

夾克

jase

外套

jase ya pula

雨衣

khosetumo

套裝

roko

連衣裙

lešira

婚紗

sutu

西裝

seaparo sa go robala

睡袍

dipejama

睡衣

sari

莎麗

sekafo

頭巾

turban

包頭巾

seaparo sa burqa

波卡

roko ya kaftan

卡夫坦

abaya

(阿拉伯式)長袍

seaparo sa go rutha

泳衣

diteranka

男式泳褲

marukgwana a manyenyane

短褲

torokcsutu

運動服

apron

圍裙

ditlelafo

手套

konope

鈕扣

digalase

眼鏡

boreiselete

手鏈

nekeleise

項鍊

palamonwana

戒指

lengena

耳環

kepisi

便帽

hengere ya jase

衣架

kefa

帽子

thai

領帶

zip

拉鍊

helmete

安全帽

braces

背帶

diaparo tša sekolo

校服

unifomo

制服

seaparo sa bib

圍兜

tami

安撫奶嘴

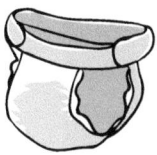

mongato

尿布

ofisi

辦公室

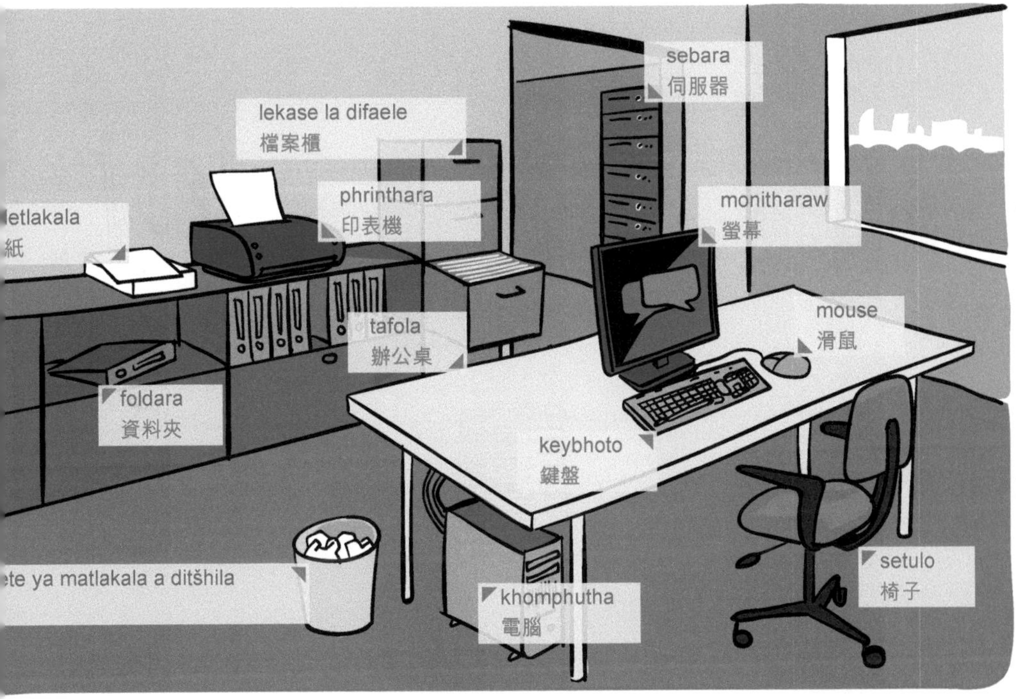

sebara
伺服器

lekase la difaele
檔案櫃

phrinthara
印表機

monitharaw
螢幕

...etlakala
紙

mouse
滑鼠

tafola
辦公桌

foldara
資料夾

keybhoto
鍵盤

...te ya matlakala a ditšhila

setulo
椅子

khomphutha
電腦

komiki ya kofi

咖啡杯

khalekhuleitha

計算機

inthanete

網際網路

laptop

筆記型電腦

lengwalo

信件

molaetša

簡訊

mogalathekeng

行動電話

netweke

網路

motšhene wa go photokhopa

影印機

software

軟體

mogala

電話

pholaka ya sokete

插座

motšhine wa go fekesa

傳真機

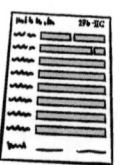

fomo

表格

dipampiri

檔案

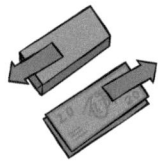

reka

買

lefa

付錢

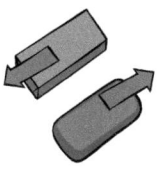

rekiša

交易

tšhelete

現金

dollar

美元

euro

歐元

yen

日元

rouble

盧布

Swiss franc

瑞士法郎

renminbi yuan

人民幣

rupee

盧比

lefelo la go ntšha tšhelete

提款處

lefelo la go fetola tšhelete

外幣兌換處

gauta

金

silifera

銀

oil

石油

matla

能源

poraese

價格

konteraka

合約

motšhelo

稅金

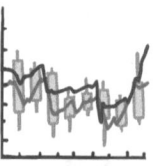

setokho

股票

mošomo

工作

mošomi

職員

mothwadi

老闆

feketori

工廠

lebenkele la dijo

商店

bodulo

職業

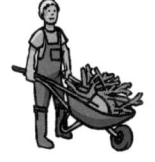

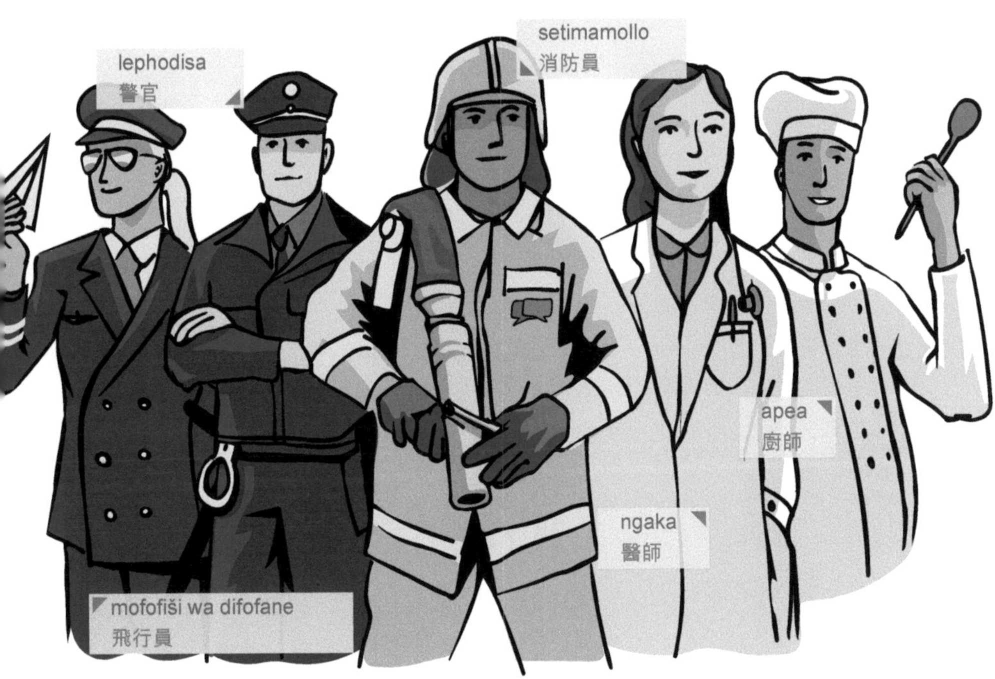

lephodisa
警官
setimamollo
消防員
apea
廚師
ngaka
醫師
mofofiši wa difofane
飛行員

ohlokomedi wa dirapana

園丁

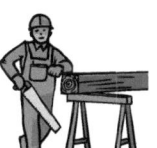

mmetli

木匠

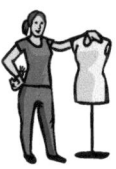

moroki

裁縫

moahlodi

法官

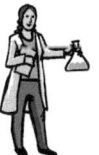

khemise

化學家

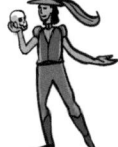

mmapadi

演員

mootledi wa pase

公車司機

mootledi wa thekisi

計程車司機

moswara dihlapi

漁夫

mosadi wa go hlwekiša

清洗女工

molokiša marulelo

屋頂工

weithara

服務生

motsomi

獵人

motho wa go penta

畫家

mopaki

麵包師

electrician

電工

moagi

建築工人

moenjeneare

工程師

selaga

屠夫

polambara

水管工

mosepediši wa poso

郵差

mohlabani

士兵

mothadi wa dintlo

建築師

morekiši

收銀員

molemi wa matšoba

花農

mologi wa moriri

理髮師

molaodi

售票員

mekhenikhe

機械技師

mokapotene

船長

ngaka ya meno

牙醫

rathutamahlale

科學家

moruti

拉比

moetapele wa dithapelo

伊瑪目

monk

和尚

moruti

牧師

didirišwa

工具

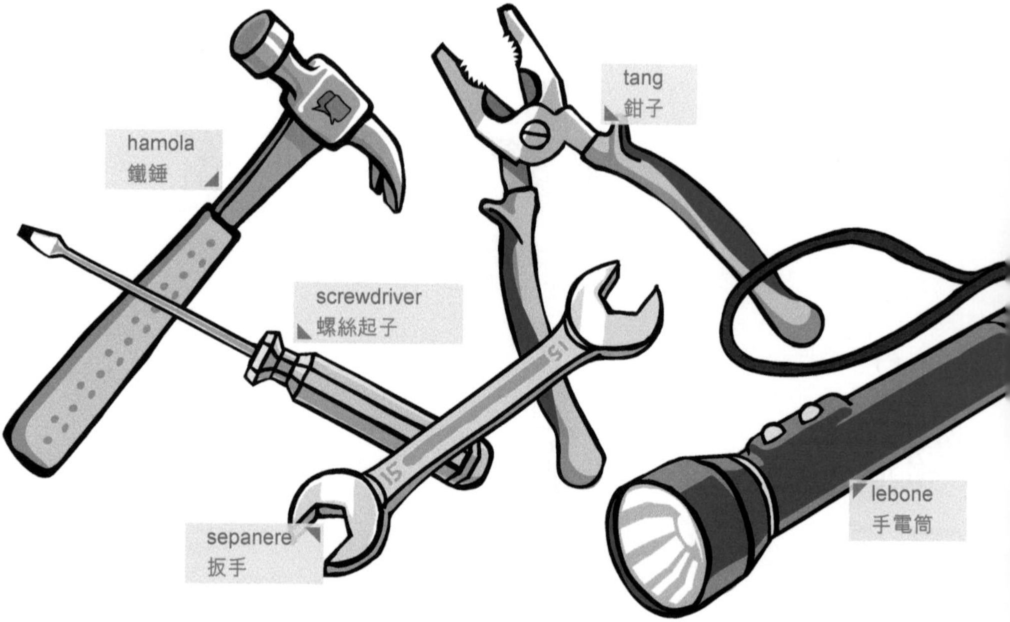
hamola
鐵錘
tang
鉗子
screwdriver
螺絲起子
sepanere
扳手
lebone
手電筒

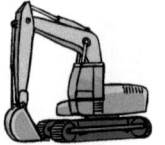

seepi

挖掘機

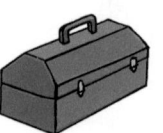

lepokisi la dithulusi

工具箱

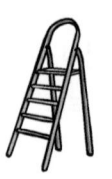

llere

梯子

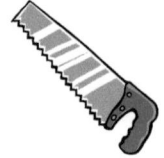

saga

鋸子

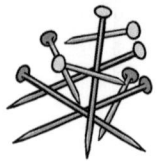

dipikiri

釘子

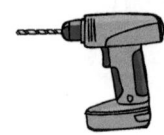

sebori

鑽機

lokiša

修

garafo

鏟子

ijoo!

糟糕！

seolela matlakala

畚箕

pitša ya pente

油漆桶

sekurufu

螺絲

didirišwa tša mmino

樂器

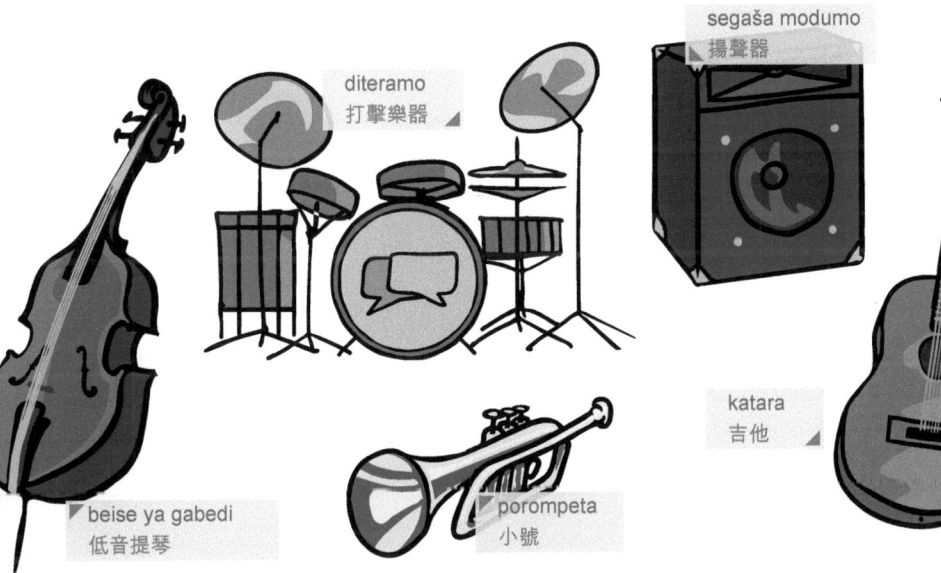

segaša modumo
揚聲器

diteramo
打擊樂器

katara
吉他

beise ya gabedi
低音提琴

porompeta
小號

piano

鋼琴

violin

小提琴

beise

貝斯

timpani

定音鼓

diteramo

鼓

keybhoto

電子琴

saxophone

薩克斯風

phala

長笛

mmaekrofouno

麥克風

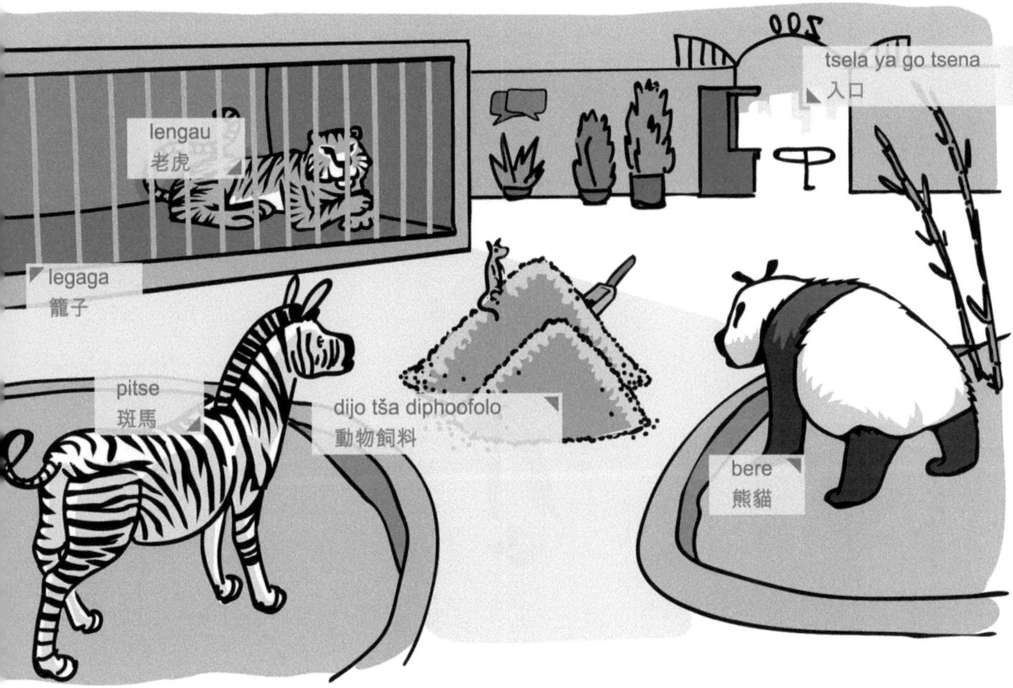
zoo
tsela ya go tsena
入口
lengau
老虎
legaga
籠子
pitse
斑馬
dijo tša diphoofolo
動物飼料
bere
熊貓

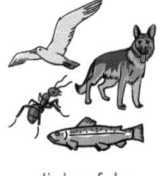

diphoofolo

動物

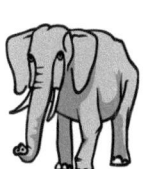

tlou

大象

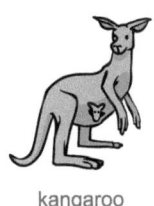

kangaroo

袋鼠

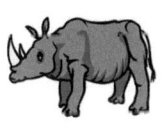

tšhukudu

犀牛

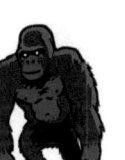

gorilla

大猩猩

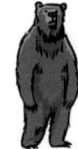

bere

熊

kamela

駱駝

mpše

鴕鳥

tau

獅子

tšhwene

猴子

nonyana ya flamingo

紅鶴

nonyana ya parrot

鸚鵡

bere ya polar

北極熊

penguin

企鵝

shark

鯊魚

phikoko

孔雀

noga

蛇

kwena

鱷魚

mohlokomedi wa di zoo

動物園管理員

sili

海豹

jaquar

美洲豹

pokolo

矮種馬

lepogo

豹

hippo

河馬

thutlwa

長頸鹿

lenong

老鷹

kolobe ya naga

野豬

hlaphi

魚

khudu

龜

walrus

海象

phiri

狐狸

phuthi

羚羊

kgwele ya Amerika
橄欖球

go reila paesekela
騎腳踏車

thenese
網球

basketball
籃球

go rutha
游泳

ntwa ya matswele
拳擊

hockey ya lehlweng
冰球

kgwele ya maoto

美式足球

badminton

羽毛球

bakitimi

田徑

polo ya matsogo

手球

skiing

滑雪

polo

馬球

taboga
跳

sega
笑

gokara
擁抱

sepela
走路

opela
唱

lora
做夢

rapela
祈禱

atla
親吻

ngwala
書寫

thala
畫

bontšha
展示

kgorometša
推

efa
給

tšea
拿

e ba le

有

dira

做

eba

當

ema

站

kitima

跑

goga

拉

lahlela

丟

e wa

摔倒

maaka

躺

emanyana

等待

rwala

攜帶

dula

坐

go apara

穿衣

robala

睡覺

tsoga

醒來

lebelela

看

lla

哭

seterouko

擊

kamo

梳頭

bolela

交談

kwešiša

明白

botšiša

問

theetša

聽

e nwa

喝

eja

吃

hlwekiša

清理

lerato

愛

apea

做飯

otlela

開車

fofa

飛

sesa

航行

khalekhuleitha

計算

bala

讀

ithute

學習

mošomo

工作

nyala

結婚

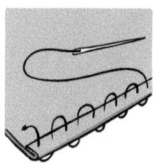

roka

縫

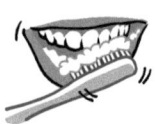

hlapa meno

刷牙

bolaya

殺

kgoga

抽菸

romela

寄

mediro - 活動

lelapa
家

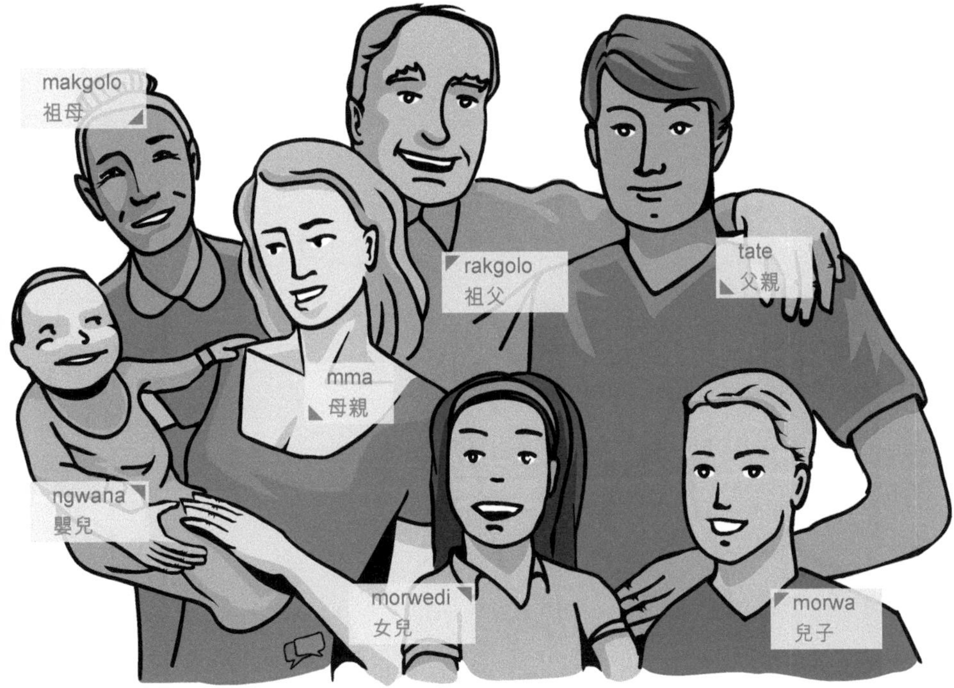
makgolo
祖母
rakgolo
祖父
tate
父親
mma
母親
ngwana
嬰兒
morwedi
女兒
morwa
兒子

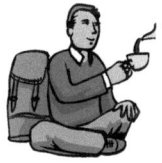

moeng
客人

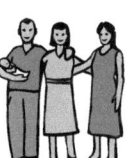

rakgadi
阿姨

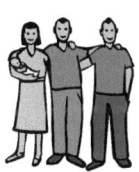

malome
叔叔

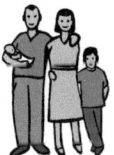

abuti
兄弟

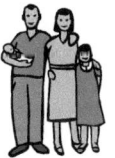

sesi
姐妹

mmele
身體

phatla
前額
leihlo
眼睛
magetla
肩膀
monwana
手指
sefahlego
臉
seledu
下巴
seatla
手
letswele
乳房
leoto
腿
letsogo
手臂

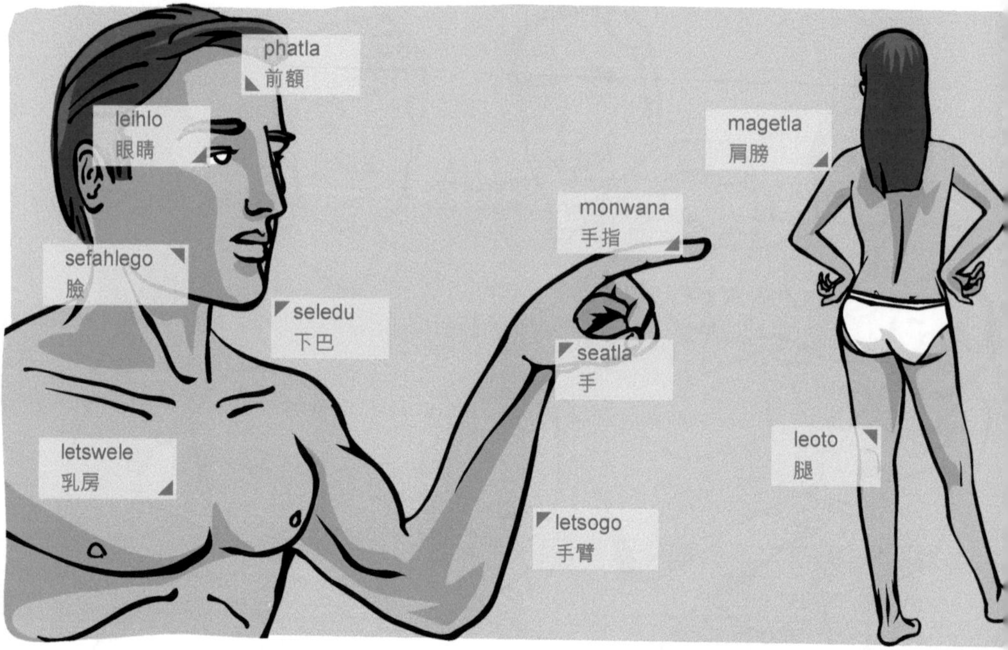

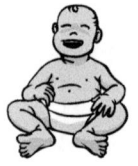

ngwana
嬰兒

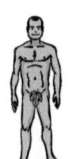

monna
男人

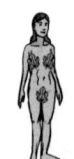

mosadi
女人

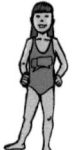

kgarebe
女孩

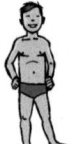

mošemane
男孩

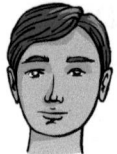

hlogo
頭

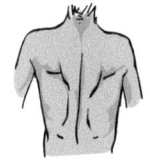

morago

背部

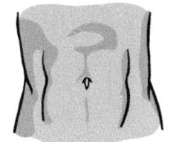

mokhaba

肚子

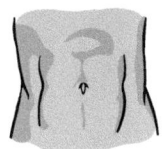

mokhubu

肚臍

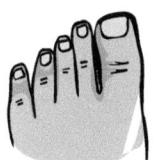

monwana

腳趾

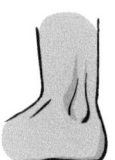

tlhako

腳後跟

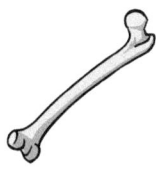

lerapo

骨頭

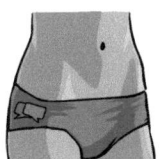

matheka

臀部

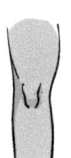

leoto

膝蓋

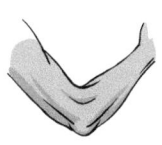

khuru

手肘

nko

鼻子

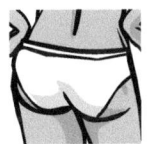

tlase

屁股

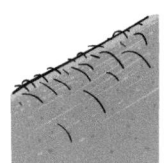

letlalo

皮膚

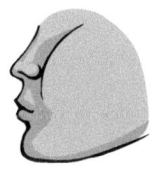

lerama

臉頰

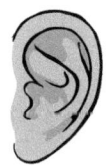

tsebe

耳朵

molomo

嘴唇

molomo

嘴

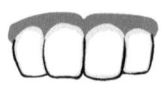

leino

牙齒

Leleme

舌頭

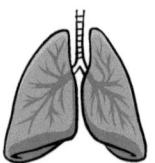

bjoko

腦

pelo

心臟

segoba

肌肉

maswafo

肺

sebete

肝臟

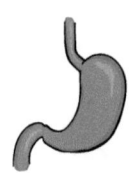

mala

胃

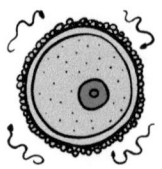

diphsio

腎臟

thobalano

性交

condom

保險套

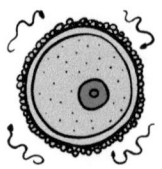

Ovum

卵子

matshedi

精子

go ima

懷孕

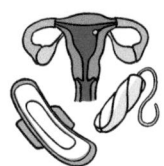

go bona kgwedi

月事

setho sa bosadi

陰道

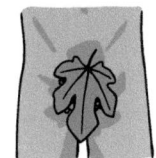

setho sa bonna

陰莖

dintši

眉毛

moriri

頭髮

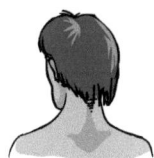

molala

脖子

sepetlele

醫院

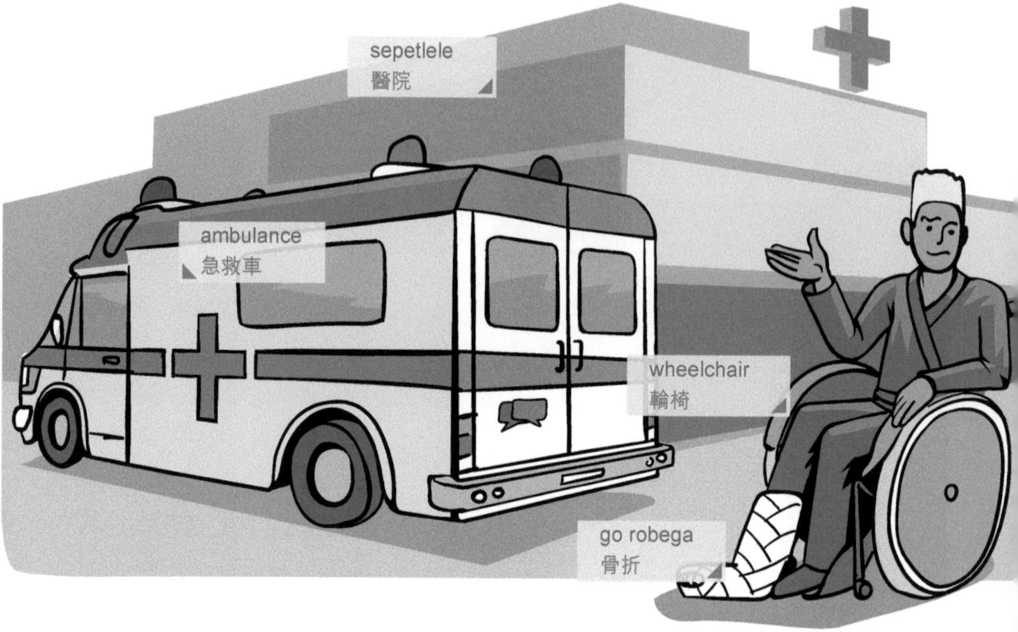

sepetlele
醫院
ambulance
急救車
wheelchair
輪椅
go robega
骨折

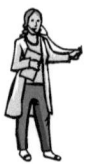

ngaka

醫師

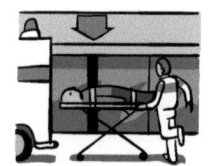

phapoši ya tša tšhoganetšo

急診室

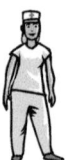

mooki

護理師

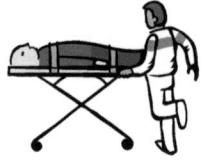

tšhoganetšo

緊急情形

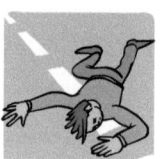

go idibala

昏迷

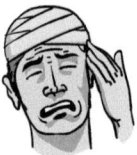

bohloko

痛

go gobala

受傷

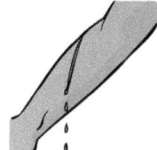

go tšwa madi

出血

bolwetši bja pelo

心臟病發作

setorouko

中風

ge mmele o ganana le dijo

過敏

go gohlola

咳嗽

go gohlola

發燒

sehuba

流感

letšhollo

腹瀉

go opa ke hlogo

頭痛

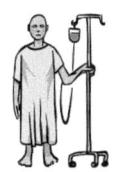

kankere

癌症

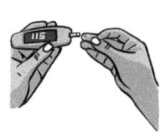

swikiri

糖尿病

mmui

外科醫師

thipa ya scalpel

手術刀

go bulwa

手術

CT

電腦斷層掃描

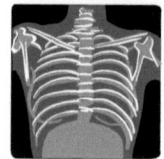

x-ray

X光

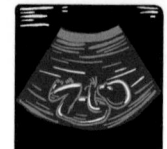

ultrasound

超音波

sethiba sefahlego

口罩

bolwetši

疾病

phapoši ya go leta

候診室

lehlotlo

拐杖

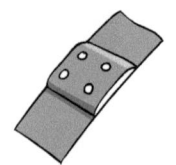

sedirišwa sa plaster

石膏

lešela la ntho

繃帶

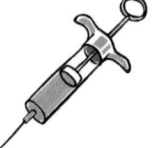

nalete

注射

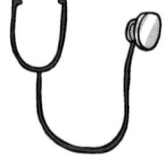

sthehosekoupo

聽診器

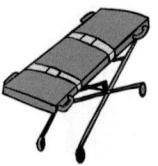

seteretšhara

擔架

themoketha ya kgathelelo

體溫計

go belebga

出生

mmele o mogolo

超重

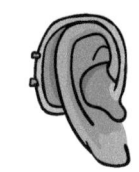

sethuša ditsebe

助聽器

disinfectant

消毒液

twatši

感染

baerase

病毒

HIV / AIDS

愛滋病

dihlare

藥物

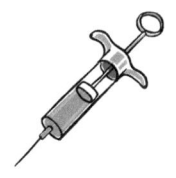

tlhabelo ya go thibela malwetši

接種疫苗

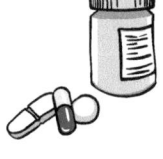

dipilisi

藥片

pilisi

藥丸

mogala wa tšhoganetšo

急救電話

sehlahlobi sa pelo

血壓計

go babja / phetše gabotse

生病/健康

Thušo!

救命！

alamo

警報

go tšhošetšwa

突擊

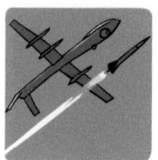

tlhaselo

攻擊

kotsi

危險

go tšwa ka tšhoganetšo

緊急出口

Mollo!

失火了！

setimamollo

滅火器

kotsi

意外

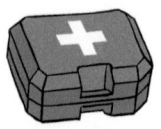

first-aid kit

急救箱

SOS

呼救訊號

maphodisa

員警

Yuropa

歐洲

Amerika Bodikela

北美洲

Amerika Borwa

南美洲

Afrika

非洲

Asia

亞洲

Australia

澳洲

Atlantic

大西洋

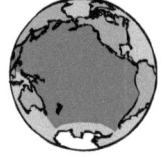

Pacific

太平洋

Lewatle la India

印度洋

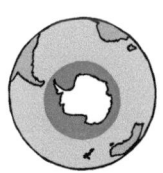

Lewatle la Antarctic

南冰洋

Lewatle la Arctic

北冰洋

North Pole

北極

South Pole

南極

Antarctica

南極洲

Lefase

地球

naga

陸地

noka

海

island

島

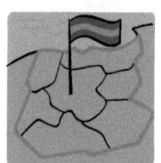

naga

國家

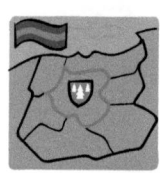

state

州

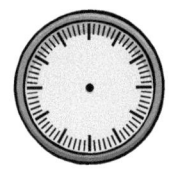

sešupanako sa dinomoro

錶盤

diiri tša sešupanako

時針

metsotso ya sešupanako

分針

metsotswana ya
sešupanako
秒針

Ke nako mang?

現在幾點？

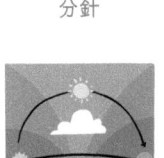

letšatši

天

nako

時間

gona bjale

現在

sešupanako sa dinomoro

電子錶

metsotso

分

iri

時

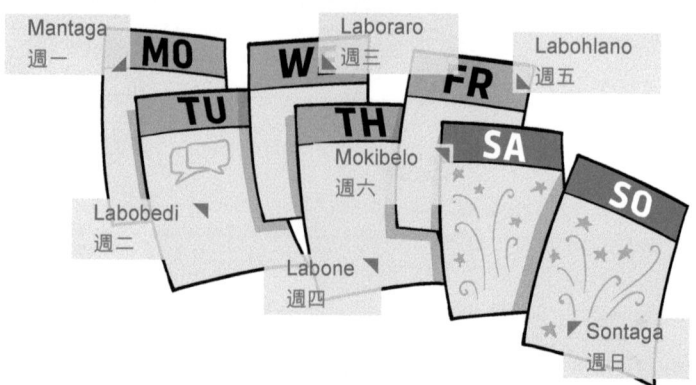

Mantaga 週一
Laboraro 週三
Labohlano 週五
Labobedi 週二
Labone 週四
Mokibelo 週六
Sontaga 週日

maobane

昨天

lehono

今天

ka moswana

明天

mesong

早晨

Thapama

中午

mantšiboa

晚上

matšatši a kgwebo

工作日

mafelobeke

週末

ngwaga

年

pula
雨
molalatladi
彩虹
phefo
風
lehlwa
雪
seruthwane
春
lehlabula
秋
selemo
夏
marega
冬

4.APRIL 11°
5.APRIL 4°
6.APRIL 13°
7.APRIL 8°
8.APRIL 10°

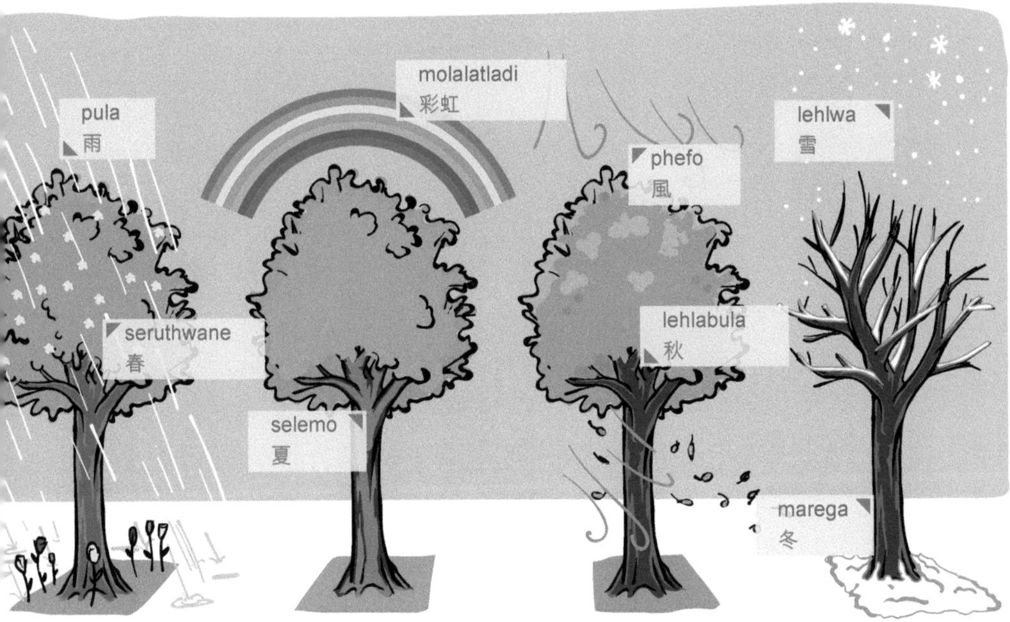

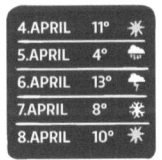

tsebišo ya leratadima

天氣預告

F C
120 90 60 30 0 -30
40 30 20 10 0 -10 -20

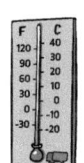

thermometer

溫度計

mahlasedi a letšatši

陽光

maru

雲

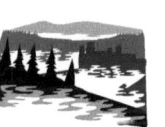

kgudi

霧

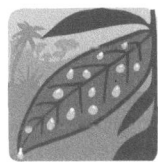

go koloba

潮濕

legadima

閃電

legadima

打雷

ledimo

風暴

sefako

冰雹

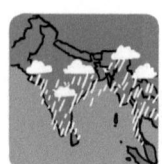

ledimo

季風

lefula

洪水

lehlwa

冰

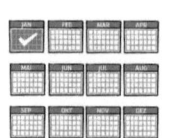

January

一月

February

二月

March

三月

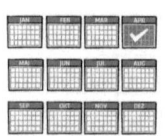

April

四月

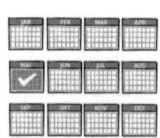

May

五月

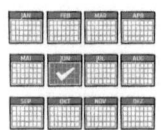

June

六月

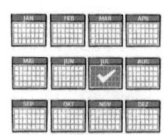

July

七月

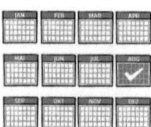

August

八月

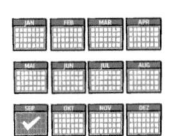

September
九月

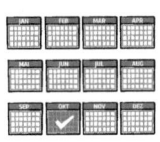

October
十月

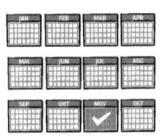

November
十一月

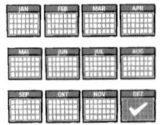

December
十二月

dibopego
形狀

nthokolo
圓形

sekwere
正方形

rectangle
長方形

theraekele
三角形

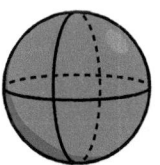

nthokolo
球體

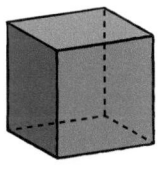

cube
立方體

tshweu

白

kheri

黃

namone

橙

pinki

粉

khubedu

紅

phepholo

紫

pududu

藍

tala

綠

tshehla

棕

kerei

灰

bontsho

黑

e dintši / tše dinyenyane

很多/少許

befetšwe / theotše maswafo

生氣/平靜

botse / befile

美/醜

mathomo / mafelelo

首/尾

kgolo / nyenyane

大/小

seetša / leswiswi

明/暗

abuti / sesi

兄弟/姐妹

hlwekile / ditšhila

乾淨/骯髒

feletše / ga se e felele

完整/缺失

mosegare / bošego

白天/晚上

hwile / o sa phela

死/生

go bulega / go tswalelega

寬/窄

e a jega / ga e jege

可食用/非食用

bobe / go loka

邪惡/善良

mahlahlo / go tšwafa

興奮/無聊

bokoto / bosese

胖/瘦

mathomo / mafelelo

第一/最後

mogwera / lenaba

朋友/敵人

e tletše / ga e na selo

滿/空

tiile / e bonolo

硬/軟

ya roba / e bobebo

重/輕

tlala / mokhoro

餓/渴

go babja / phetše gabotse

生病/健康

ga e molaong / e molaong

非法/合法

bohlale / lešilo

聰明/愚笨

le letshadi / le letona

左/右

kgaufsi / kgole

近/遠

mapsha / e dirišitšwe

新/舊

selo / se sengwe

沒有/有些

motšofadi / mofsa

老/幼

laeta / tima

開/關

bula / tswalela

打開/闔上

homola / rasa

安靜/吵鬧

go huma / go diila

富/窮

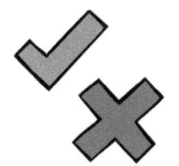

e lokilego / e sa lokago

對/錯

makgwakgwa / go thelela

粗糙/光滑

go nyama / go thaba

傷心/高興

mokopana / motelele

短/長

go nanya / go kitima

慢/快

go koloba / go oma

濕/乾

borutho / go tonya

溫暖/涼爽

ntwa / khutšo

戰爭/和平

0

nnoto

零

1

tee

一

2

pedi

二

3

tharo

三

4

nne

四

5

tlhano

五

6

tshela

六

7

šupa

七

8

seswai

八

9

senyane

九

10

lesome

十

11

lesome tee

十一

12

lesome pedi

十二

13

lesome tharo

十三

14

lesome nne

十四

15

lesome tlhano

十五

16

lesome tshela

十六

17

lesome šupa

十七

18

lesome seswai

十八

19

lesome senyane

十九

20

masomepedi

二十

100

lekgolo

百

1.000

sekete

千

1.000.000

milione

百萬

Seisemane

英語

Seisemane sa Amerika

美式英語

Sechina sa Mandarin

普通話

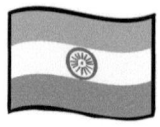

Sehindi

印地語

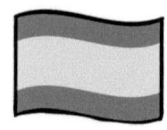

Spanish

西班牙語

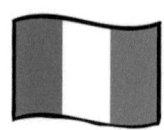

Sefora

法語

Searabic

阿拉伯語

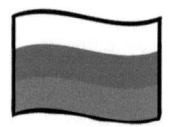

Serašia

俄語

Sepotokisi

葡萄牙語

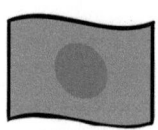

Sebengali

孟加拉語

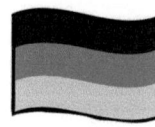

Sejeremane

德語

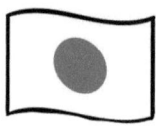

Sefapane

日語

Nna

我

wena

你

yena / yona

他/她/它

rena

我們

wena

你們

bona

他們

bomang?

誰？

eng?

什麼？

bjang?

如何？

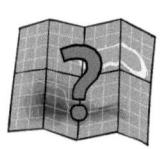

mo kae?

何處？

neng?

何時？

leina

名字

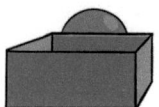

ka morago

後面

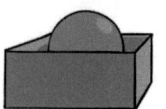

go

裡面

kgaufsi le

前面

godimo ga

上方

go

上面

ka tlase ga

下麵

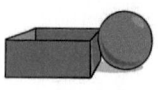

ka lehlakoreng la

旁邊

magareng ga

中間

lefelo

地點